AF602557

GUIDE

DE L'ACTIONNAIRE

EN CHEMINS DE FER

SAINT-DENIS. — TYPOGRAPHIE DE PRÉVOT ET DROUARD

GUIDE

DE

L'ACTIONNAIRE

EN CHEMINS DE FER,

OU

MANUEL DU SPÉCULATEUR

A LA BOURSE DE PARIS,

Par N. FÉROU.

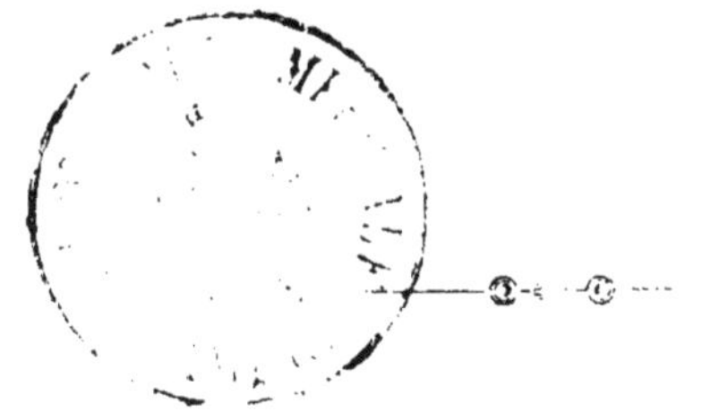

CHEZ LES MARCHANDS DE NOUVEAUTÉS.

—

1853.

UN MOT

SUR

LES CHEMINS DE FER.

I.

Les *chemins de fer* ne sont plus considérés aujourd'hui comme une utopie; l'Europe entière s'est mise à l'œuvre, et la France va se trouver, d'ici à quelques années, sillonnée en tous sens par ces nouvelles voies de communications, qui relieront entre elles les diverses parties du territoire.

On ne s'est pas encore rendu un compte exact des résultats que l'établissement des chemins de fer entraînera pour le commerce et l'industrie; mais, il faut le dire, c'est une révolution, et une révolution de la plus haute importance, dont les effets se font déjà sentir, et qui modifiera profondément les rapports des hommes entre eux et la nature de leurs transactions.

Lorsque, au XVe siècle, les Portugais découvrirent le passage aux Indes par le cap de Bonne-Espérance; lorsque Christophe Colomb prit possession du nouveau continent, le caractère des relations commerciales fut immédiatement bouleversé; *le commerce du monde* changea de marche et de forme, et passa des pays situés sur la Méditerranée aux pays occidentaux; au commerce de terre fut substitué le commerce maritime, et l'influence que les colonies devaient exercer sur la politique des métropoles allait faire de leur histoire une partie nécessaire de l'histoire industrielle de l'Europe moderne.

La création des chemins de fer rendra, sans aucun doute, au commerce de terre l'activité et l'importance qu'il avait perdues, et, sans nuire au développement des expéditions maritimes, leur fournira un complément favorable par la rapidité des transports et par l'ouverture de nouveaux débouchés.

Si l'on porte ses regards sur un rayon de moindre étendue, on est tout aussi frappé des avantages réels qui vont surgir pour la France des diverses lignes en voie d'exécution.

Des provinces fermées, par leur situation même, à toute industrie, à tout négoce, prendront désormais part au mouvement général des affaires.

Les chemins de fer verseront aisément des travailleurs sur tous les points du territoire où les terres restent en friche faute de bras.

L'exportation facile des produits multipliera les efforts de tous, et donnera une vie nouvelle à des communes, à des départements même frappés aujourd'hui de stérilité.

Un immense commerce de *transit* s'organisera d'un bout de la France à l'autre; les villes de l'Est recevront directement les denrées des ports de l'Océan ; et ces détours sans fin, ces longs circuits qu'il faut franchir pour passer d'une ville à l'autre, disparaîtront avec les barrières insurmontables qui les séparent actuellement : Nantes et Lyon se donneront la main ; Limoges et Clermont seront les faubourgs d'Orléans.

II.

On ne s'expliquerait pas la défaveur avec laquelle furent accueillis les premiers projets de *chemins de fer*, si l'on ne savait que les meilleures inventions n'ont pu se faire adopter qu'après de longues luttes et des alternatives sans fin de succès et de revers.

Si l'habitude est une seconde nature, la routine, à son tour, est une religion qui ne se laisse point détrôner sans combats.

L'empire des préjugés exercera constamment son irrésistible puissance, et les plus grands esprits n'ont pas toujours su se soustraire à ce joug de plomb.

Napoléon ne croyait pas *à la vapeur !*

C'est à peine, aujourd'hui, si l'on ose se fier aux expériences des ingénieurs et des savants sur la force motrice *de l'air comprimé.*

Lorsqu'en France on commença quelques essais de chemins de fer, que de cris s'élevèrent, que de réclamations! Les intérêts froissés, les faux calculs, les craintes exagérées, les obstacles matériels, tout fut mis en œuvre pour arrêter ces audacieuses innovations. Le cœur faillit aux plus fermes. Tel chemin qui trouverait aujourd'hui dix compagnies pour une, fut repoussé ; la fâcheuse concurrence des deux chemins de Versailles, des accidents terribles, fruit d'une mauvaise organisation, l'exiguïté des produits, tout concourut à faire douter de l'avenir.

Les chemins de fer, disait-on, ne rapporteront jamais plus de 1 à 2 pour 100 du capital des actions : ce sont des entreprises jugées d'avance. Que le gouvernement les prenne à sa charge ; c'est le seul moyen *d'imposer* au pays, qui les repousse, ces routes métalliques si funestes à l'humanité !

III.

Au milieu de ces débats confus et de ces prédictions fort peu rassurantes, d'autres que nous marchaient en avant : l'Angleterre en tête, le reste de l'Europe n'hésitait pas à se jeter dans cette voie nouvelle, mal appréciée, mal jugée, et les résultats obtenus, même en Belgique et en Allemagne, commençaient à faire ouvrir les yeux aux plus aveugles.

Il ne s'agissait plus que d'avoir l'expérience des grandes lignes, de comparer les produits aux dépenses qu'elles nécessiteraient, d'établir en un mot leur bilan définitif.

Ce fut encore l'Angleterre qui imprima la première impulsion, et le succès dépassa toute attente : les chemins de fer pouvaient rapporter 18 et 20 pour 100.

La nation anglaise, il faut bien le reconnaître, sortie de notre sein, est douée de qualités peu communes. Prompte dans ses résolutions, hardie dans l'exécution, elle devance tous les États de l'Europe dans la voie du progrès et de la civilisation.

Elle a conquis de bonne heure la liberté politique; ses deux révolutions ont précédé les nôtres de plus d'un siècle. Dans les sciences, elle a produit Newton; dans les lettres Shakspeare, Milton, lord Byron, Walter Scott et Richardson ; dans la philosophie et dans l'histoire, Bacon, Locke, Gibbon, Hume et Robertson. Les arts lui doivent leurs principaux perfectionnements ; l'économie politique, l'industrie et le commerce se sont développés d'une manière extraordinaire entre ses mains. C'est à elle qu'on doit les applications en grand de la vapeur : l'Europe la suit, mais de loin. L'Angleterre est couverte d'un réseau de chemins de fer, lorsque les autres débutent presque dans la carrière. Nous faisions à peine quelques essais de chemins de fer atmosphériques que déjà ils fonctionnaient au-delà du détroit.

IV.

L'exemple de nos voisins a ranimé notre confiance près de s'éteindre. La question est décidée ; la France ne restera pas en arrière des autres peuples.

On se demandait encore, il y a quelques années, quel serait le mode d'exécution des chemins de fer ?

Le gouvernement hésitait à chaque pas. Devait-il prendre tous les travaux à sa charge? ferait-il intervenir l'industrie privée?

Dans une première période, il accorde aux compagnies qui se présentent d'incalculables avantages : concessions à longs termes, subventions, rien ne lui coûte.

Bientôt il reconnaît qu'il a passé des marchés onéreux pour l'État; il revient à l'idée de se faire seul entrepreneur pour reculer encore. C'est la seconde période de ses tâtonnements; puis il se décide à partager avec la haute banque les charges de l'entreprise.

Pendant ce temps, l'opinion s'est formée; des appréciations plus exactes sont venues révéler les bienfaits qu'on doit attendre d'une exploitation sage et prudente. Une troisième période s'annonce; la fièvre d'entraînement est générale; les capitaux affluent. — Le gouvernement profitera-t-il de la situation pour hâter l'accomplissement de l'œuvre qu'il a commencée? cherchera-t-il à encourager le mouvement d'impulsion dont il reçoit le contre-coup? favorisera-t-il la crise salutaire qui se prépare? Nullement. Il s'effraie de l'ardeur des esprits; il se cabre. Il n'a plus qu'une pensée, celle d'enrayer cette roue si rapide de la fortune qui se dirige aujourd'hui vers les chemins de fer, et qui peuvent dégrever l'État d'un milliard. Il nous jette dans cette crise fatale qui existait encore au moment de la révolution de 1848.

V.

Lorsqu'on met une fourniture en adjudication, la soumission la plus favorable est acceptée, et l'on ne se demande pas, en général, si celui qui la fait peut y perdre : chacun est censé connaître assez son intérêt pour ne point se laisser entraîner à de fausses démarches.

Lorsqu'on met un chemin de fer en adjudication, le gouvernement doit profiter de la concurrence, et, pourvu que la compagnie soit sérieuse et en mesure de tenir ses engagements, il n'a point à rechercher si les conditions qu'elle propose lui causeront ou non un véritable préjudice.

Si l'État s'était fait entrepreneur des chemins de fer, il aurait été maître de l'avenir. En baissant les tarifs, il aurait changé le mode de transport des marchandises de toute espèce et doté la France d'un élément de prospérité dont elle ne jouira peut-être que dans un siècle.

Toutefois, en admettant l'industrie privée au partage des charges et des avantages à recueillir, d'autres intérêts se trouvaient garantis : c'était ouvrir, il est vrai, la porte à la spéculation ; mais comme l'État passera toujours pour un excellent associé, il était évident que cette nouvelle combinaison devait attirer avec rapidité les capitaux et faire succéder un empressement salutaire à l'indifférence générale.

L'événement ne tarda pas à justifier ces prévisions : deux chemins, celui d'Orléans à Vierzon ou *du Centre* et celui de Bordeaux furent exécutés d'après ce système mixte. Pour le premier, les compagnies s'entendirent et obtinrent des conditions qui ont fait de cette ligne une mine des plus productives. Quant au second, la libre concurrence fut favorable à l'État, et le chiffre de l'adjudication opéra un revirement complet dans l'opinion publique.

En présence de la hausse qui devait suivre nécessairement la négociation des actions du chemin de Vierzon, en présence du taux élevé qu'atteignirent celles du chemin de Bordeaux, malgré les chances bien moins avantageuses qu'elles offraient aux capitalistes, il était impossible de ne pas reconnaître tout le parti que l'on pourrait tirer de l'engoûment public ; on était certain désormais que l'industrie privée exécuterait aisément les grandes lignes de chemins de fer, et que l'État aurait un intérêt immense à reporter sur des travaux d'amélioration intérieure les fonds affectés par les Chambres au vaste réseau des chemins projetés.

A peine, en effet, les lignes du Nord, de Lyon, d'Avignon, de Nantes et de Strasbourg furent-elles proposées à la législature, que des compagnies s'organisèrent. Toutes les soumissions furent immédiatement remplies, et l'on vit bientôt jusqu'à six sociétés rivales réunissant, contre de simples promesses d'actions, jusqu'à 100 millions de capital, prêt à être déposés au jour de l'adjudication. *Ces promesses d'actions* furent recherchées aussitôt avec autant d'empressement que les titres des chemins de fer déjà concédés : l'impulsion ne devait plus s'arrêter.

Quel était le devoir du gouvernement? de chercher à encourager et à régulariser ce mouvement général des esprits, d'en faire sortir l'accomplissement d'une œuvre gigantesque si heureusement accueillie et désormais assurée. Il n'en fut rien, et les mesures restrictives adoptées en 1845 produisirent les effets les plus désastreux.

VI.

Dans les adjudications de chemins de fer, on fait un appel direct à l'esprit d'association ; il faut que des compagnies se forment, que des souscriptions s'organisent. Un conseil d'administration, composé d'hommes honorables, reçoit les demandes; il délivre des promesses d'actions, moyennant un premier versement d'un cinquième ou d'un dixième du capital fixé pour chaque titre, et l'engagement d'acquitter le surplus aux époques déterminées par les statuts.

On comprend très-bien que la vogue attachée aux chemins de fer et la hausse remarquable de certaines lignes fassent rechercher avec empressement *les promesses d'actions* délivrées au pair. La multiplicité des demandes donne à *ces promesses d'actions* une valeur ascendante, et ceux qui n'ont pu se faire admettre parmi les premiers souscripteurs cherchent à obtenir celles qu'ils désirent avoir, en payant une prime plus ou moins forte : dès lors le marché est ouvert à la négociation de ces titres provisoires.

C'est sur ce point que les premiers coups furent portés.

« N'est-ce pas, disait-on, une immoralité intolérable que la vente autorisée de valeurs fictives? Six compagnies soumissionnent le chemin de fer de Lyon, une seule sera adjudicataire; *les promesses d'actions* des cinq autres compagnies sont donc tout à fait illusoires, et il faut arrêter le mal qui résultera pour les petits capitalistes de ces appâts trompeurs. »

Ce raisonnement pourrait avoir quelque poids, si *les promesses d'actions* n'étaient qu'un papier de convention destiné à subir le sort des *anciens assignats;* mais il n'en est rien. Tous les fonds provenant des premiers versements sont déposés chez des banquiers responsables et portent intérêt à 3 ou 4 pour 100. Les titres provisoires représentent donc une somme rapportant un intérêt fixe, offrant des éventualités favorables et, dans tous les cas, remboursable intégralement à une époque déterminée. Ce sont donc des valeurs effectives et dont la négociation ne peut être interdite, car ce serait renverser toutes les idées reçues en matière de commerce et d'industrie.

Que voyons-nous à la Bourse? Les obligations de la ville de Paris, émises au prix de 1,000 fr., avec un intérêt de 4 pour 100, se vendent près de 1,500 fr., et ne rapportent plus que 2 et demi pour 100. Une éventualité est attachée, il est vrai, à ces obligations : elles participent à un tirage annuel et peuvent gagner une prime considérable ; mais pour une seule qui obtient le bon lot, il y en a mille qui sont remboursées au pair, c'est-à-dire à 1,000 fr. Ceux qui achètent donc actuellement des obligations de la ville de Paris ne retirent de leur argent que 2 et demi d'intérêt, et ils sont exposés à perdre au prochain tirage, c'est-à-dire dans deux mois, 500 fr. de leur capital. Cependant on ne tonne pas contre un état de choses qui relève, *avec ses monstrueux abus*, le principe *si détesté* de la *loterie*, et qui expose les acheteurs à une perte à peu près certaine.

Eh bien, *les promesses d'actions* de chemins de

fer offrent un placement beaucoup plus avantageux, toutes proportions gardées, que les *obligations de la ville de Paris ;* elles donnent un intérêt de 3 ou 4 pour 100 sur un capital remboursable intégralement, et elles portent avec elles une chance de bénéfices.

Il faut, de plus, le reconnaître : ceux qui veulent devenir actionnaires sérieux d'un chemin de fer, sont obligés de souscrire pour une somme égale près de chacune des compagnies qui se présentent à l'adjudication, et, comme leur demande peut être accueillie par l'une, repoussée par l'autre, il est tout à fait nécessaire qu'ils puissent, moyennant une légère différence, acquérir sur le marché public les titres qui leur manquent.

Craint-on qu'il ne s'établisse *sur les promesses d'actions* un jeu de Bourse dangereux pour les petits capitalistes, et qu'ils n'échangent le fruit de leurs économies contre du mauvais papier ?

Mais à cela la réponse est facile. Si le gouvernement eût rempli son devoir, au lieu de chercher à jeter une sorte de discrédit sur les marchés de ce genre, il devait les régulariser, les mettre sous la garantie des officiers publics nommés pour le service de la Bourse de Paris.

Si les agents de change négociaient eux-mêmes *les promesses d'actions*, ils pourraient éclairer les acheteurs sur la valeur réelle de telle ou telle compagnie, de tel ou tel titre ; tandis qu'en laissant s'ouvrir *dans la coulisse* une seconde Bourse, sur laquelle aucune surveillance ne s'exerce, qui est, en quelque sorte, irresponsable, et où le premier venu peut prendre une qualité qu'il n'a pas, on met les souscripteurs d'actions dans la position la plus fausse et la plus compromettante.

Qui veut la fin veut les moyens. Si le gouvernement s'adresse, pour les chemins de fer, à l'industrie privée, il faut qu'il soutienne hardiment le mouvement favorable des capitaux vers ces sortes d'entreprises, et qu'il se contente d'entourer les transactions des garanties de publicité et de bon ordre, si nécessaires en tout état de cause :

1° Rendre le conseil d'administration de chaque compagnie responsable des versements effectués : — 2° obliger les premiers souscripteurs de remplir les engagements contractés par eux, si les nouveaux endosseurs ne les exécutent pas ; 3° charger les agents de change, c'est-à-dire des hommes revêtus de la confiance générale, de la négociation *des promesses d'actions*, et de tous les titres représentant une valeur réelle. Voilà ce qu'une administration éclairée et prudente peut et doit exiger.

De cette manière, personne ne peut redouter la transmission de titres fictifs de *promesses d'actions* émises par des compagnies équivoques ; les petits capitalistes peuvent, en toute sécurité, placer leurs fonds sur des effets productifs d'intérêts, remboursables à une époque plus ou moins éloignée, et emportant avec eux une perspective de gain qui peut toujours s'escompter.

Ils trouveront, à coup sûr, de grands avantages à placer leurs économies dans ces *éventualités*, qui ne compromettent pas le capital ; et si ce qu'on appelle *le jeu de Bourse* se porte sur ces transactions, accessibles à toutes les fortunes et rendues régulières par les sages mesures du gouvernement, félicitez-vous de ce que *ce jeu* ne se détourne pas sur les fonds espagnols ou portugais, et souvenez-vous que, en se propageant par la confiance et la sécurité des rapports, il deviendra le premier et le meilleur levier de l'exécution du vaste réseau de nos chemins de fer.

VII.

Tout repose sur le crédit; dès que vous l'ébranlez, la situation devient des plus critiques. Si vous voulez obtenir des compagnies et de la libre concurrence des conditions de plus en plus favorables, ne combattez donc pas l'esprit de spéculation qui les a si heureusement créées.

C'est le meilleur moyen de trouver dans l'industrie privée toutes les ressources nécessaires pour l'exécution des chemins de fer sur toute l'étendue du territoire.

Seulement, au lieu de chercher à réprimer l'ardeur de ce qu'on appelle l'agiotage, et qui n'est autre chose que *le crédit*, il faut qu'il se contente d'en régulariser les effets.

Au lieu de déprécier la valeur des grandes artères, on doit, au contraire, insister sur les avantages qu'elles présentent maintenant et qui se développeront de plus en plus dans l'avenir.

Au lieu d'effrayer les détenteurs d'actions des entreprises concédées, en créant des lignes rivales, en annonçant des travaux de canalisation sur le parcours même des chemins établis, il faut qu'on se montre économe de l'argent des compagnies, qu'on ne les accable pas de charges inutiles et faciles à éviter, et qu'on s'occupe des moyens d'améliorer la navigation dans les provinces que les chemins de fer n'atteindront pas.

Il faut, en un mot, que l'État se place à la hauteur de la tâche qui lui est imposée, par une application prudente et raisonnée des grands principes de l'économie politique. Et c'est ce qu'on semble, aujourd'hui, comprendre un peu mieux qu'en 1845.

VIII.

Depuis quelques années, nous avons, à coup sûr, fait un pas en avant. Les compagnies qui avaient subi des conditions trop onéreuses, ont obtenu du gouvernement aide et assistance : si la durée des concessions a été prolongée, des fusions habilement préparées se sont effectuées par grandes zones, et les chances de bénéfices se trouvant augmentées, la confiance a reparu. C'était le moment de compléter notre réseau de chemins de fer, sans que l'État intervînt et fît de trop lourds sacrifices. Aussi a-t-on vu avec satisfaction l'empressement des capitalistes à se porter vers l'entreprise des lignes nouvelles. Qu'importe, en effet, à l'État quelques années de plus accordées à ces compagnies qui, en définitive, travaillent pour lui ? Ne doit-il pas désirer que les avantages présentés par ces vastes entreprises soient assez élevés pour que les particuliers s'empressent d'y contribuer par l'apport de leurs capitaux ? Si, en 1840, au lieu de restreindre les bénéfices des compagnies par des mesures insensées, on avait traité les affaires largement, comme on a été obligé de le faire en dernier lieu, la France serait déjà en possession des grandes lignes qu'on commence seulement en 1853. Et nous ajouterons que si le gouvernement veut un bon résultat, il faut qu'il s'efforce de faire disparaître les obstacles que quelques esprits étroits opposent au développement complet du crédit public.

Je n'en veux d'autre exemple que la mesure impolitique renouvelée il y a quelques mois par le syndicat des agents de change sur les négociations d'actions de chemins de fer, en exigeant qu'aucun marché à terme n'eût lieu sans *couverture* préalable, c'est-à-dire sans qu'une certaine somme eût été déposée d'avance entre les mains des officiers publics. Il gênait la liberté des transactions et produisait cette crise nouvelle qui a remis en question, pendant un instant, l'entreprise des lignes qui nous manquent encore.

Il est évident que le syndicat des agents de change s'arroge un droit qui ne lui appartient pas. C'est aux agents de change eux-mêmes à juger de la solvabilité de leurs clients, et à ne point trop s'avancer avec eux. Les priviléges dont ils jouissent et les sommes considérables qu'ils gagnent chaque année, rendent leur position assez belle pour qu'on les laisse agir à leurs risques et périls. Est-ce qu'on a jamais pris des mesures législatives pour empêcher un négociant de vendre ses marchandises à des personnes peu solvables ? La science du commerce consiste à éviter les chances de perte ; mais chacun doit agir d'après sa propre impulsion, et c'est aux agents de change à choisir leurs clients et à leur fermer tout crédit s'ils le jugent convenable, sans l'intervention de l'autorité syndicale.

CHAPITRE Ier.

Des Actions et des Obligations de Chemins de fer.

Les capitalistes qui veulent placer leurs fonds sur les chemins de fer doivent distinguer soigneusement les *actions* des *obligations*.

Chaque compagnie a émis un certain nombre d'actions, qui constitue son capital social ; le cours de ces actions est sujet à de grandes oscillations, selon que les avantages de l'entreprise augmentent ou diminuent par suite de circonstances politiques ou accidentelles.

Les obligations, au contraire, sont le résultat d'emprunts contractés par les compagnies ; elles sont privilégiées, c'est-à-dire que les intérêts et les sommes affectées à leur remboursement graduel, sont prélevés sur les recettes avant toute répartition aux actionnaires, et souvent elles ont en plus la garantie de l'État.

Aussi voit-on le cours des obligations résister aux brusques mouvements de bourse ; elles présentent un placement très-avantageux. Indépendamment de l'intérêt qu'elles produisent, elles sont remboursables à un taux plus élevé que le prix d'émission, et elles sont naturellement recherchées par les capitalites qui redoutent les spéculations et les alternatives de hausse et de baisse.

SAINT-GERMAIN,

rue de Rivoli, n° 16.

Société anonyme autorisée par ordonnance royale du 4 novembre 1835, jusqu'au 9 juillet 1934. — Parcours, 25 kilomètres.

Capital social, 9 millions de francs, divisés en 18,000 actions de 500 fr. au porteur, payées en totalité ; il y a de plus 2,000 coupons de fondation, qui représentent 9,000 actions, en tout, 27,000.

Les bénéfices nets sont répartis tous les six mois aux actionnaires, jusqu'à concurrence de 25 fr. par action, sans recours d'une année sur l'autre. Cette distribution opérée, l'excédant des bénéfices nets est réparti comme suit : *moitié* aux actionnaires; un *quart* aux 2,000 coupons de fondation attribués à M. Emile Pereire, pour représenter l'apport fait par lui des droits résultant de la loi du 9 juillet 1835, et de ses plans et travaux; le *dernier quart* est mis en réserve.

Ces actions se sont élevées jusqu'à 1,900, parce que le chemin de Saint-Germain sert pour plusieurs autres lignes, Rouen, Versailles, Argenteuil, et pour les docks.

Deux emprunts autorisés par les délibérations de l'assemblée générale des actionnaires, ont été réalisés par l'émission de 1,431 obligations portant des coupons d'intérêt de 25 fr. chacun, payables par semestre jusqu'au 1er janvier 1891, et remboursables par tirages au sort dans le même espace de temps, à raison de 1,250 fr. par obligation.

Le rapport présenté à l'assemblée générale du 29 mars 1853 a fixé à 62 fr. 50 par action le dividende de 1852, et l'assemblée générale du 11 avril a décidé 1° que les 2,000 coupons de fondation, représentant chacun quatre actions et demie de capital, soit 9,000 actions, seraient capitalisés moyennant un versement de 2,250 francs, ce qui produira une ressource immédiate de 4,500,000 fr., 2° que les 18,000 actions jointes aux 9,000 des coupons indiqués ci-dessus, soit 27,000, seraient divisées par quatre, et constitueront un nombre de 108,000 actions nouvelles.

OUEST.

Versailles rive droite et rive gauche, gare du boulevard Montparnasse.

Le chemin de fer de l'Ouest a obtenu une concession de 99 ans.

Son capital social est divisé en 50,000 actions de 500 fr., sur lesquels 250 fr. sont aujourd'hui payés. — Parcours : 149 kilomètres.

La compagnie a traité avec les chemins de fer de Versailles, rive droite et rive gauche, et a émis des obligations pour remplir les conditions arrêtées entre les parties. La fusion n'a pas néanmoins été complète.

On négocie encore à la Bourse les actions de la rive gauche; elles sont au nombre de 20,000, de 500 fr. chacune, et se vendent dans les prix de 300 fr. Le dernier dividende a produit 7 fr. 50 pour les six premiers mois de l'année 1852.

Les obligations de Versailles (rive droite), cotées à la Bourse, datent de 1843; elles sont au nombre de 6,201, remboursables en 43 ans, à 1,250 fr., par tirages successifs, et rapportent 50 fr. d'intérêt par an.

Les obligations de l'Ouest ont été émises en 1851 au nombre de 4,405 et aux mêmes conditions, mais avec garantie de l'État; le remboursement aura lieu en cinquante années. Les intérêts se paient le 1er janvier et le 1er juillet.

PARIS A ROUEN,

rue d'Amsterdam, n° 11.

Le chemin de fer de Rouen a été concédé en 1840, pour 99 ans.

Son capital social est de 36 millions, divisés

en 72,000 actions de 500 fr. chacune. Le produit a été, en 1852, de 50 fr. par action. — Parcours : 137 kilomètres.

La Société a émis deux emprunts : l'un, en 1845, de 5,887 obligations ; l'autre, en 1847, de 4,968. Ces obligations, qui doivent être amorties en 75 ans environ, sont remboursables au prix de 1,250 fr. Les premières donnent 40 fr. d'intérêt, et les secondes 50, payables le 1er janvier et le 1er juillet de chaque année ; c'est ce qui explique la différence de leur cours.

ROUEN AU HAVRE,

rue d'Amsterdam, n° 11.

Le chemin de fer de Rouen au Havre a été autorisé par la loi du 11 juin 1842, et concédé pour 97 ans. Le capital social est de 20 millions de francs, divisés en 40,000 actions de 500 fr. Le dividende, qui se paie en avril et en octobre, a été de 15 fr. en 1852. — Parcours : 92 kilomètres.

La Société a émis, en 1846, 15,000 obligations portant 50 fr. d'intérêt annuel, et remboursables à 1,250 fr., en 78 ans; elle a émis, en 1848, 5,000 obligations nouvelles portant 60 fr. d'intérêt annuel et remboursables à 1,250 fr., en 87 ans; l'intérêt se paie en mars et septembre.

DIEPPE ET FÉCAMP,

rue d'Amsterdam, n° 11.

Ce chemin de fer, autorisé par la loi du 19 juillet 1844, a obtenu une concession de 94 ans. Parcours : 51 kil. Le capital social est de 18 millions, divisés en 36,000 actions de 500 fr. chacune. On n'a encore payé par action que 400 fr., qui ont rapporté 12 fr. en 1852.

L'assemblée générale du 29 avril 1853 a donné tous pouvoirs au conseil d'administration pour la fusion projetée entre les lignes de l'Ouest.

CAEN A CHERBOURG,

rue d'Amsterdam, n° 11.

Le chemin de Caen à Cherbourg a été concédé, en 1852, pour 99 ans. Parcours : 303 kilom. Le capital social est de 30 millions, divisés en 60,000 actions de 500 fr.

On n'a encore payé que 100 fr. par action, et pendant la durée des travaux, les sommes versées produiront 5 p. 100 d'intérêt, payable en janvier et juillet.

La fusion générale annoncée entre les divers chemins de fer que nous venons de faire connaître est à la veille de se réaliser. Il y aura, dit-on, pour les quatre chemins, 280,666 actions de 500 fr., celui de Saint-Germain restant en dehors de cette combinaison.

ORLÉANS,

Rue Drouot, n° 4.

On comprend maintenant sous le nom de chemin de fer d'Orléans les compagnies fusionnées d'Orléans, du Centre, d'Orléans à Bordeaux, et de Tours à Nantes. Parcours : 923 kil. sur 1,562. Le capital social est de 150 millions, divisés en 300,000 actions de 500 fr. chacune. Les intérêts et les dividendes, évalués à 50 fr. environ en 1852, se paient en avril et en octobre. La concession est de 99 ans.

La compagnie d'Orléans a émis trois emprunts, en 1842, 1848 et 1852.

Le premier se compose de 8,888 obligations remboursables en 47 ans, et le second de 13,333, remboursables en 90 ans, à 1,250 fr., et produisant un intérêt annuel de 50 fr., qui se paie le 1er janvier et le 1er juillet.

Le troisième emprunt comprend 75,000 obligations remboursables en 99 ans, à 500 fr., et produisant 15 fr. d'intérêt par an. Les tirages ont lieu en décembre. 140 fr. seulement ont été payés jusqu'à présent.

L'assemblée générale du 31 mars 1853 a fixé à 48 fr. 40 c. par action le revenu de 1852. Pleins pouvoirs ont été donnés au conseil d'administration pour obtenir la concession d'un embranchement de Tours au Mans, et pour ramener à un même titre et à des conditions uniformes les divers emprunts contractés par la compagnie.

PARIS A STRASBOURG,

Gare du chemin de fer, faubourg Saint-Denis.

Le chemin de fer de Paris à Strasbourg a été autorisé par la loi du 19 juillet 1845 et la concession portée à 99 ans.

Ce chemin a été particulièrement favorisé, l'État ayant pris à sa charge une partie des travaux, pour près de 120 millions. — Parcours : 627 kilomètres sur 660.

Le capital social est de 125 millions, divisés en 250,000 actions de 500 fr. chacune. Elles rapportent 4 p. 100, payables le 1er janvier et le 1er juillet, plus le dividende qui est déterminé à l'assemblée générale du mois d'avril.

La compagnie a émis, en 1852, 50,300 obligations de 500 fr. chacune, produisant 25 fr. d'intérêt, remboursables en 99 ans, au prix de 650 fr. Les tirages auront lieu en juin et décembre. 250 fr. seulement ont été payés.

L'assemblée générale du 28 avril a fixé à 33 fr. par action le dividende total de 1852, mais on a appliqué une somme de près de 2 millions au paiement des intérêts qui ont couru pendant les constructions ; la ligne n'a été ouverte sur tout son parcours qu'au mois d'août, et comme les recettes, en 1853, prennent une extension considérable, on ne doute pas que le dividende de cette année ne dépasse 60 fr. Joignez à cela les projets d'embranchements nouveaux et la fusion que le conseil d'administration poursuit avec autant de zèle que d'habileté, et l'on se fera une juste idée de l'avenir du chemin de Strasbourg.

STRASBOURG A BALE,

rue Taitbout, n° 18.

La concession de ce chemin a été faite pour 99 ans. Parcours : 141 kilom. sur 198. Le capital social est de 42 millions, divisés en 84,000 actions de 500 fr. On a versé 350 fr., et le surplus a été à la charge de l'Etat.

Chaque action a produit, en 1852, 11 fr. 50 c. d'intérêts payables en janvier.

La compagnie a émis, en 1843, 2,775 obligations remboursables en 47 ans, à 1,250 fr. ; et, en 1852, 20,000 obligations remboursables en 50 ans, à 625 fr., avec garantie de l'Etat.

Les premières produisent un intérêt de 50 fr., et les secondes de 25 fr., payables le 1er avril et le 1er octobre.

Les tirages ont lieu au mois de mars.

MONTEREAU A TROYES,

rue d'Antin, n° 14.

Parcours : 100 kilom. Capital social, 20 millions, divisés en 40,000 actions de 500 fr. chaque ; concession de 99 ans. Produit : néant.

La Société a émis, en 1852, 3,300 obligations remboursables à 1,250 fr., en 99 ans, portant 50 fr. d'intérêt en janvier et juillet.

Il est question du remboursement à 500 fr. des actions de Montereau, par le chemin de fer de Strasbourg, qui serait chargé de la ligne de Vincennes à Montereau, et de Troyes à Mulhouse ; mais les négociations ne sont pas encore terminées.

BLESME ET SAINT-DIZIER A GRAY,

rue de Miromesnil, n° 28.

Ce chemin, concédé en 1852 pour 99 ans, comprendra 175 kilomètres et réunira la Marne à la Saône.

Le capital social est de 16 millions, divisés en 32,000 actions de 500 fr., sur lesquels 250 fr.

ont été déjà payés. Les sommes versées rapportent, pendant la durée des travaux, 5 %. Outre la subvention de 10 millions accordée par l'Etat, la Société est autorisée à créer pour 20 millions d'obligations. La première obligation aura lieu prochainement.

L'Etat garantit 4 % d'intérêt pendant 50 ans sur les actions, et 4 ½ % pour l'intérêt et l'amortissement des obligations pendant le même espace de temps.

Il est fortement question de la fusion de ce chemin et de celui de Strasbourg à Bâle avec la ligne principale de Paris à Strasbourg.

L'assemblée générale du 30 avril 1853 a fixé à 5 fr. 75 c. le coupon qui sera payé le 1er juillet sur les versements effectués, et elle a autorisé le conseil à ajourner l'émission de ses obligations; tant que les fonds conservés en caisse suffiront au paiement des travaux en voie d'exécution.

NORD,

gare du chemin de fer.

Le chemin du Nord, autorisé par la loi du 15

juillet 1845, comprend maintenant les embranchements d'Amiens à Boulogne, de Creil à Saint-Quentin, etc., avec une concession de 99 ans. Le capital social, qui était dans l'origine de 200 millions, a été réduit à 160 millions, divisés en 400,000 actions de 400 fr. Le produit a été, en 1852, de 36 fr. par action, et les titres se négocient jouissance du 1er janvier 1853.

La compagnie a émis, en 1851, 150,000 obligations remboursables, en 75 ans, au taux de 500 fr., et produisant 15 fr. d'intérêt par an au 1er janvier et au 1er juillet. Les tirages ont lieu en avril.

L'assemblée générale du 30 avril 1853 a fixé le revenu de chaque action, pour 1852, à 41 fr. 50 c., sur lesquels 25 fr. 50 c. seront payés le 1er juillet prochain.

PARIS A LYON,

rue de Provence, n° 47.

Ce chemin a été autorisé par la loi du 16 juillet 1845. Parcours : 383 kilom. sur 515. Le capital social est aujourd'hui de 120 millions, divisés en 240,000 actions de 500 fr. chacune, portant intérêt de 5 %, plus le dividende. 250 fr. ont été payés par action.

La concession est de 99 ans.

La Société a émis, en 1851, 80,000 obligations garanties par l'Etat, remboursables en 50 ans, à 1,250 fr.; elles produisent 50 fr. d'intérêt, payables en avril et octobre. Les tirages ont lieu au mois de décembre.

A l'assemblée générale des actionnaires, qui a eu lieu le 7 avril, il a été annoncé qu'il ne serait point fait d'appel de fonds en 1853. Si les recettes s'élèvent, comme on a lieu de l'espérer, à 20 millions, les actionnaires toucheront 38 fr. 50 c., ce qui présentera un intérêt de 5 ½ % sur le cours de 950 fr.

En 1854, les travaux seront plus avancés, la compagnie distribuera la totalité de ses bénéfices, ainsi que les sommes qu'elle met en réserve cette année pour parer à certaines éventualités; de sorte que le dividende sera beaucoup plus considérable.

LYON A LA MÉDITERRANÉE,

rue Laffitte, n° 23.

Cette ligne comprend les chemins de fer :

1° De Lyon à Avignon ;

2° De Marseille à Avignon ;

3° D'Alais à Beaucaire ;

4° D'Alais aux mines de la Grand'Combe ;

5° De Montpellier à Cette ;

6° De Montpellier à Nîmes ;

7° De Rognac à Aix ;

8° De Marseille à Toulon.

Parcours : 294 kilom. sur 617.

Le capital social est de 40 millions, divisés en 80,000 actions de 500 fr., sur lesquels 175 fr. seulement ont été versés. 5 % sont payés sur les sommes déposées, en avril et octobre, pendant la durée des travaux.

La Société a émis, en 1852, 60,000 obligations, remboursables en 99 ans, à 625 fr., portant un intérêt annuel de 25 fr., en octobre et avril, et 182,333 obligations, remboursables à 500 fr., et portant intérêt de 15 fr. en janvier et juillet.

Les tirages ont lieu au mois de décembre.

La compagnie d'Avignon à Lyon et de Marseille à Avignon avait émis, avec la garantie de l'Etat, divers emprunts dont il faut tenir compte. Le premier (Avignon) se compose de 8,000 obligations, remboursables en 55 ans, à 1,250 fr., et portant intérêt de 5 % en avril et octobre. Le second (Marseille) comprend 30,000 obligations, remboursables en 34 ans, à 1,250 fr., et portant 25 fr. d'intérêt semestriel en juillet et décembre, et 40,000 obligations remboursables en 99 ans, à 625 fr., et portant 12 fr. 50 c. d'intérêt en avril et octobre.

L'ancienne compagnie Talabot (chemin de fer d'Avignon à Marseille), avait émis des actions qui jusqu'ici n'avaient rien produit. Moyennant un versement de 65 fr. entre les mains de la nouvelle compagnie, les actionnaires reçoivent, en échange, des obligations remboursables à 625 fr., et produisant un intérêt à 4 %.

L'assemblée générale du 30 avril a fixé à 8 fr. par action le dividende de 1852, et a donné son approbation au traité intervenu entre la compagnie de Lyon à la Méditerranée et les liquidateurs de l'ancienne compagnie du chemin de fer de Lyon à Avignon et de Marseille à Avignon.

CHEMINS DE FER DU MIDI,

place Vendôme, n° 22.

La Société anonyme des chemins de fer du Midi et du canal latéral à la Garonne a été autorisée pour 99 ans, par décret du 6 novembre 1852. — Parcours : 750 kilomètres.

Le capital social est de 67 millions, divisés en 134,000 actions de 500 fr., sur lesquelles 100 fr. seulement ont été versés.

4 % d'intérêt seront payés pendant la durée des travaux.

Chemins de fer de Bordeaux à Bayonne et de Narbonne à Perpignan.

La compagnie à laquelle le gouvernement a concédé le chemin de fer de Bordeaux à Cette et le canal latéral à la Garonne, avec une subvention de 35 millions de francs, se charge, en vertu de la loi du 28 mai 1853, d'exécuter également :

1° Le chemin de fer de Bordeaux à Bayonne et ses embranchements sur Mont-de-Marsan et Dax;

2° Le chemin de fer de Narbonne à Perpignan.

Le chemin de fer de Bordeaux à Bayonne empruntera, entre Bordeaux et Lamothe, le chemin de fer de Bordeaux à la Teste ; de Lamothe, il se dirigera sur Bayonne par la Bouheyre, et aboutira sur la rive droite de l'Adour.

Il sera établi un chemin de fer de jonction entre la gare du chemin de Bordeaux à Cette et le chemin de Bordeaux à Bayonne.

La ville de Mont-de-Marsan sera desservie par un embranchement qui se détachera de la ligne principale.

Il en sera de même pour la ville de Dax, à moins que la ligne principale ne passe près de cette ville.

Le chemin de fer de Narbonne à Perpignan s'embranchera, à Narbonne, sur le chemin de fer de Bordeaux à Cette ; il se dirigera par Salses, sur Perpignan, où il aboutira sur la rive gauche de la Tet.

La compagnie s'engage à terminer ces chemins et à les rendre praticables et exploités dans toutes leurs parties, dans les délais suivants, savoir :

Pour le chemin de fer de Bordeaux à Bayonne, deux ans ;

Pour les embranchements sur Mont-de-Marsan et sur Dax, trois ans ;

Pour le chemin de Narbonne à Perpignan, quatre ans.

Ces délais courent à dater du 28 mai 1853.

L'Etat paiera à la compagnie, à titre de subvention, une somme de 16,500,000 fr.

L'emprunt de 40 millions de francs, autorisé par le cahier des charges du chemin de fer de Bordeaux à Cette, pourra être porté par la compagnie, avec la même garantie d'intérêt et d'amortissement, à 51 millions de francs.

La garantie de 4 % d'intérêt autorisée par le cahier des charges précité pour le capital employé à l'exécution des travaux, en sus des subventions et de l'emprunt garanti, sera portée de 60 à 67 millions de francs.

La concession du chemin de fer de Bordeaux à la Teste est prorogée jusqu'à l'expiration de la concession du chemin de fer de Bordeaux à Bayonne, à la charge du remplacement du matériel roulant dans les conditions prescrites pour le chemin de fer de Bordeaux à Bayonne.

On voit, par ce qui précède, que le chemin de Bordeaux à la Teste est compris dans la concession qui précède.

Ce chemin a un parcours de 52 kilomètres. Son capital social était de 5 millions, divisés en 10,000 actions de 500 francs, dont les intérêts ne sont pas même payés.

GRAND CENTRAL DE FRANCE,
ou Chemins de fer du Centre.

place Vendôme, n° 16.

Un décret impérial, en date du 21 avril 1853, a concédé, pour 99 ans, le chemin de fer grand central de France à une compagnie anglo-française représentée par MM. le comte de Morny, le marquis de Latour-Maubourg, le comte Pourtalès-Gorgier, Calvet-Rogniot, Mastermann, Samuel Laing, Hutchinson et Uziella. Comme le nom l'indique, ce chemin est destiné à desservir les provinces du centre de la France. Une première branche reliera Limoges à Agen, en passant par Périgueux ; une seconde branche, Clermont-Ferrand à Montauban, en passant par Aurillac; une troisième branche, St-Étienne à Coutras, en d'autres termes Lyon à Bordeaux en passant par Le Puy, Aurillac, Brives et Périgueux. La compagnie devra exécuter à ses frais les parties de Clermont à Lempdes, de la rivière du Lot à Montauban, avec embranchement sur Marcillac, de Périgueux à Coutras. Les autres parties seront exécutées selon le système de la loi de 1842. — Le capital social a été fixé à la somme de 90 millions, divisés en 180,000 actions de 500 fr. chacune; on a exigé immédiatement le versement de 2/5 ou de 200 fr. par action.

Le réseau tout entier est d'environ 1,000 kilomètres.

Sur ce nombre total, la compagnie en prend à sa charge 250 environ, et pour les autres elle partage les charges avec l'Etat.

Les premières actions émises sont au porteur. Elles participeront, à des conditions très-favorables, aux emprunts que la compagnie doit réaliser en ses obligations.

DIJON A BESANÇON.

Rue Basse-du-Rempart, nº 66.

Parcours : 90 kilom. Capital social, 16,600,000 fr., divisés en 33,200 actions de 500 fr., sur lesquels 200 fr. ont été versés et produisent 5 % d'intérêt pendant la durée des travaux, en janvier et juillet. Concession de 99 ans.

MULHOUSE A THANN,

rue Saint-Fiacre, nº 9.

Parcours : 20 kilom. Capital social, 2,600,000 fr., divisés en 5,200 actions de 500 fr., portant 4 % d'intérêt. Ce chemin, ouvert en 1839, se confond avec le chemin de fer de Strasbourg à Bâle, sur un trajet de 6 à 7 kilomètres.

SAINT-RAMBERT A GRENOBLE.

Parcours : 98 kilom. Concession de 99 ans. Subvention par l'Etat de 7 millions ; garantie de 3 % d'intérêt sur un capital de 25 millions.

La compagnie n'aura à sa charge que 25 millions environ, qui seront produits par l'émission de ses actions et de ses obligations, s'il y a lieu.

LYON A GENÈVE,

avec embranchement sur Bourg et Mâcon.

Concession de 99 ans. Subvention de 15 millions par l'Etat, garantie de 3 % d'intérêt sur un capital de 50 millions.

Le gouvernement suisse promet une subvention de 2 millions. La compagnie concessionnaire aura à supporter une dépense d'environ 45 millions, répartis en actions et en obligations.

CHEMINS DE FER DE RHONE ET LOIRE.

Il s'agit de la réunion des chemins de fer de Lyon à Saint-Etienne, de Saint-Etienne à Andrezieux et d'Andrezieux à Roanne.

1° *Saint-Etienne à Lyon.*

rue de Lille, n° 123.

Parcours : 57 kilom. Capital social, 11 millions, divisés en 2,200 actions de 5,000 fr. chaque. Produit : environ 500 fr. par an. Concession perpétuelle.

La Société a émis, en 1842, 7,219 obligations

remboursables en 31 ans, à 1,250 fr., et portant 50 fr. d'intérêt en janvier et juillet. Les tirages ont lieu en mai et novembre.

2° *Andrezieux à Roanne.*

Rue de l'Université, n° 18.

Parcours : 68 kilom. Concession perpétuelle. Capital social, 6 millions, divisés en 12,000 actions. Produit, néant.

La Société a émis, en 1841, 4,000 obligations de 500 fr., produisant 25 fr. d'intérêt annuel.— Sans cours.

Dans le projet de fusion, l'Etat accorde pendant 50 ans, aux nouvelles compagnies, la garantie d'une somme annuelle de 3,627,000 fr.

Les concessions perpétuelles sont réduites à 99 ans. On rembourse à l'Etat les 4 millions dus par la compagnie d'Andrezieux à Roanne.

Les compagnies abaisseront leurs tarifs et amélioreront les diverses voies déjà ouvertes au public.

PROVINS AUX ORMES,

Chez MM. Mirès et Cie, rue Richelieu. n° 85.

Capital social, 1,650,000 fr., divisés en 3,300

actions de 500 fr. 5 % d'intérêt pendant la durée des travaux.

GRAISSESSAC A BÉZIERS.

Boulevard Poissonnière, n° 14.

Capital social, 18 millions, divisés en 36,000 actions de 500 fr., sur lesquels 100 fr. ont été payés. Concession de 99 ans.

DOLE A SALINS,

rue Miromesnil, n° 28.

Parcours : 38 kilom. Concession, 99 ans. Capital social, 7 millions, divisés en 14,000 actions de 500 fr., intérêt de 4 %, garanti par l'Etat pendant 50 années.

Premier versement : 250 fr. par action.

SCEAUX.

La gare à la barrière d'Enfer.

Parcours : 11 kilom. Capital social, 3 millions, divisés en 6,000 actions de 500 fr. chaque. Concession de 50 ans. Produit : néant.

Le gouvernement a décidé que la ligne serait prolongée de Bourg-la-Reine jusqu'à Orsay.

La concession générale est portée à 99 ans ; la compagnie prend à sa charge une dépense d'environ 2 millions, mais l'Etat lui accorde une subvention de 800,000 fr. et une garantie d'intérêt de 3 % sur un capital de 4,200,000 fr.

CORBEIL A NEVERS (EN PROJET),

rue de Valois, nº 8 (Palais-Royal).

Fonds social, 36 millions, divisés en 72,000 actions de 500 fr.

Première émission de 12,000 actions ; premier versement, deux dixièmes, huit jours après l'obtention de la concession. Intérêt des fonds versés, 4 %. Il doit être créé pour 24 millions d'obligations.

ANVERS A GAND.

Parcours : 50 kilom. Concession de 90 ans. Capital social, 4,700,000 fr., divisés en 9,400 actions de 500 fr.

L'assemblée générale du 5 mars 1853 a fixé à 27 fr. 50 c. par action le dividende de 1852. Les recettes de 1852 avaient donné 67,652 fr. 56 c. de plus que l'année précédente.

NAPLES A CASTELLAMARE,

Rue Saint-Guillaume, n° 29.

Parcours : 40 kilom. Concession de 80 ans. Capital social, 16 millions, divisés en 16,000 actions de 1,000 fr. Produit : 39 fr. 10 c. par an.

CENTRAL SUISSE.

Banquiers à Paris : MM. Ad. Marcuard et Cie, rue Bergère, n° 18.

Longueur : 195 kilom. Concession de 99 ans. Capital social, 48 millions, dont 36 divisés en 72,000 actions de 500 fr., et 12 en obligations.

Ce chemin doit se diriger de Bâle à Olten, où il se divise en trois lignes : celle de l'Ouest, vers Berne et Morat, se reliant aux lignes venant de Genève et de Neufchâtel ; celle du Sud, vers Lucerne, et celle de l'Est, qui doit rejoindre à Aarau le chemin de Constance à Saint-Gall et Zurich.

OUEST DE LA SUISSE ET ROYAUME DE SARDAIGNE.

MM. York et Cie, rue Neuve-des-Mathurins, n° 110.

Pour le chemin de l'ouest de la Suisse, dont le parcours sera de 46 kilom., les actions sont de 250 fr., et portent intérêt à 5 %. La concession est de 99 ans.

Le royaume de Sardaigne ne reste pas en arrière de ses voisins.

Le chemin de fer de Gênes à Turin est ouvert sur presque tout son parcours. On travaille sans relâche à celui de Turin à Suze, au pied du Mont-Cenis. De Turin partent, dans diverses directions, des embranchements sillonnant toutes les provinces du Piémont et allant se souder aux lignes qui traversent le royaume Lombardo-Vénitien. De l'autre côté du Mont-Cenis, on arrivera de Gênes et des côtes de la Méditerranée par un chemin de 207 kilom. La plus vive impulsion est donnée pour l'ouverture d'une voie qui doit franchir la Savoie et toucher aux frontières suisses et à la France.

Les actions du chemin de fer de Genève à Chambéry et Modane, ou Victor-Emmanuel, sont en émission, mais ne se négocient pas encore à la Bourse.

La durée de la concession est de 99 ans; un intérêt de 4 $\frac{1}{2}$ %, non compris l'amortissement, est garanti par le gouvernement sarde. Le chemin ira rejoindre la voie projetée de Saint-Genix d'Aost à Lyon, ou de Lyon à Chambéry par Culoz.

ESPAGNE.

Chemin de fer du Nord de l'Espagne, de Bayonne à Madrid.

Rue de Miromesnil, n° 28.

Capital social, 29,925,000 piastres, soit 157,500,000 fr., divisés en 315,000 actions de 95 piastres, soit 500 fr. ou 20 livres sterling.

Parcours : 685 kilom. Concession, 99 ans Le gouvernement espagnol garantit à la compagnie un revenu de 7 %, dont 1 pour l'amortissement.

Un intérêt de 5 % sera assuré aux actionnaires pendant la durée des travaux.

L'émission ne sera faite que lorsque les cortès auront approuvé ces conditions.

Chemin de fer de Reus à Tarragone.

Boulevard Poissonnière, n° 14.

Capital social, 2,800,000 fr., divisés en 11,200 actions de 250 fr. chacune. Premier versement, 50 fr. par action.

Concession, 99 ans. 6 % d'intérêt, plus 1 % d'amortissement annuel sont garantis par le gouvernement espagnol.

CHAPITRE II.

Sur les opérations qui se font en chemins de fer à la Bourse de Paris.

Les transactions qui ont lieu sur les chemins de fer sont de même nature que celles qui se font sur les rentes ; on distingue les *marchés au comptant* des marchés à terme.

Les marchés au comptant sont fort simples ; vous chargez un agent de change de vous acheter un certain nombre d'actions, et vous lui versez la somme nécessaire pour les effets qu'il aura à vous remettre, en y ajoutant le droit de courtage, qui est de un $\frac{1}{8}$ % prélevé sur le capital, ou 12 centimes $\frac{1}{2}$ par 100 fr., avec 35 centimes de timbre pour chaque bordereau.

Les ventes au comptant se font par le même

intermédiaire, et les frais sont aussi de $\frac{1}{8}$ %. Il faut dire cependant que le courtage légal, attribué aux agents de change par arrêté du tribunal de commerce du 26 messidor an IX, est de $\frac{1}{4}$ %. Dans certains cas, ce courtage peut être rétabli, comme lorsque l'agent de change opère par correspondance ou en vertu d'un mandat judiciaire.

Lorsqu'on ne fait qu'un échange d'effets publics, par exemple, lorsqu'on vend des actions du chemin du fer du Nord pour acheter immédiatement des actions du chemin de fer de Strasbourg, l'agent de change ne prend qu'un seul courtage.

Avant l'ouverture de la Bourse, qui a lieu à une heure, il se fait généralement quelques affaires au comptant, au *cours moyen*. En employant cette marche pour acheter des actions, si le cours des nord, par exemple, est à une heure à 900 fr., et qu'il n'ait pas dépassé, à trois heures, 940 fr., vous vous trouverez acquéreur de vos actions au cours moyen de 920 fr.

On n'achète jamais d'actions de chemins de fer que pour placer ses capitaux et en toucher les intérêts d'une manière fixe, ou bien encore, par des opérations successives, revendre à un cours plus élevé les actions que l'on a acquises, afin de réaliser des bénéfices par la différence qui se trouve entre le prix d'achat et celui auquel on revend.

Dans les marchés à terme, la livraison et le paiement des effets négociés ne doivent être effectués qu'à une époque déterminée, pour le 15 de chaque mois, ou pour la fin du mois. C'est sur eux que repose tout l'édifice des spéculations; aussi surpassent-ils de plus de cinquante fois les marchés au comptant. Par leur moyen, on peut opérer *à découvert*, c'est-à-dire vendre des actions que l'on ne possède pas, et ne s'occuper que des différences qui existent entre le cours du jour de la vente et celui du jour où l'on est obligé d'acheter, pour effectuer la livraison : par exemple, le 5 juin, le Strasbourg est à 900 fr., présumant qu'il va baisser, vous vendez 50 actions à ce taux pour le 15 ; comme vous avez dix jours devant vous avant de livrer, vous pouvez, le 15, si la baisse a eu lieu, acheter à un cours inférieur les actions que vous avez cédées à 900 fr. ; dans le cas où le cours se maintiendrait en hausse, vous n'auriez jamais à payer que la différence qui se trouverait entre le prix où vous auriez vendu les 50 actions et celui auquel vous seriez obligé de racheter le même nombre d'actions pour faire face à vos engagements.

Toutes les négociations pour le 15 ou la fin du mois sont liquidées ou réglées du 16 au 20 et du 1er au 4 du mois suivant.

Les droits de courtage dus aux agents de change dans les marchés à terme sont de $\frac{1}{16}$ %, ou 6 centimes $\frac{1}{4}$ par 100 fr., prélevés sur le capital.

Les engagements se font doubles entre les agents de change et leurs clients, et sous seing privé. En voici la forme la plus ordinaire :

Liquidation du 15 *juin* 1853.

50 actions de Strasbourg, à 900 fr., 45,000 fr.

Paris, le 7 juin 1853.

Acheté de M. P....., agent de change, d'ordre et pour compte de M. D..., 50 Strasbourg livrables le 15 courant, ou plus tôt à volonté, contre le paiement de la somme de 50,000 fr.

Fait double ; F....., agent de change.

Cette clause *ou plus tôt à volonté* permet à l'acheteur de se faire livrer tout de suite les effets qui lui ont été promis pour fin courant, au moyen de l'*escompte*, c'est-à-dire en payant d'avance la somme stipulée. Le vendeur a cinq jours pour se mettre en mesure d'effectuer la livraison.

Marché libres. Les opérations dont nous venons de parler sont appelées *marchés fermes*, par opposition aux *marchés libres* ou *à prime*, qui ne sont obligatoires que pour le vendeur, et qui se font aussi pour le 15 ou la fin du mois. Afin de pouvoir ratifier son marché ou le rompre, si bon lui semble, au terme convenu, l'acheteur paie comptant une certaine somme ou arrhes, qu'on appelle *prime*. Les primes varient selon les diverses chances que la Bourse peut offrir, et sont généralement de 10 fr. et de 20 fr. sur les chemins de fer. Ainsi cette expression :

50 *Strasbourg à prime fin courant* 930, *dont* 10, signifie qu'en prenant 50 actions à ce taux (le capital étant de 46,500 fr., que vous devez remettre au vendeur à la fin du mois), et en payant d'avance 10 fr., ou 500 fr. Si le cours ferme tombe au-dessous de 920 fr., vous annu-

lez le marché en abandonnant la prime que vous avez livrée, tandis que si la hausse a lieu et que le cours s'élève à 950 fr., je suppose, vous vendez aussitôt le même nombre d'actions au capital de 47,500 fr., et complétant la somme de 46,500 fr. que vous devez, et sur laquelle le vendeur a déjà reçu 500 fr., vous obtenez une différence à votre avantage de 20 fr., ou 1,000 fr. qui composent votre bénéfice, sauf la déduction des frais de vente et d'achat dus à l'agent de change.

Le cours des actions à prime est toujours plus élevé que celui des actions *ferme*, en raison des avantages que les marchés libres présentent à l'acheteur; c'est aussi pour cela que le prix des actions à prime de 20 fr. est généralement au-dessous du prix des actions à prime de 10 fr.

Les marchés libres se font de même au moyen d'engagements réciproques entre les agents de change et leurs clients. En voici le modèle :

Liquidation du 15 juin 1853. — Marché libre.

50 Strasbourg à 930 fr. . . .	46,500 fr.
dont 10 fr. prime à déduire. .	500
Net.	46,000 fr.

Le 15 juin, ou plutôt à volonté, en me prévenant vingt-quatre heures d'avance, je livrerai à M. P....., agent de change, d'ordre et pour compte de M. D..., 50 Strasbourg, contre le paiement de quarante-six mille francs.

Le porteur est tenu de m'avertir, au plus tard le 15 du présent mois, s'il compte lever lesdites rentes ; passé cette époque, le présent engagement sera nul et sans effet, et la prime acquise au vendeur.

Paris, ce 5 juin 1853.

B..., agent de change.

Le 15 ou le dernier jour de chaque mois, à deux heures et demie précises, et pendant les cinq minutes qui suivent, les acheteurs donnent la réponse des primes. Si les marchés sont réalisés, ils entrent dans la classe des négociations fermes, dont la liquidation s'effectue du 16 au 20 ou du 1er au 4 du mois suivant.

Spéculations à terme. Nous allons maintenant faire connaître les principales combinaisons auxquelles les marchés à terme peuvent donner naissance, et nous tâcherons d'éclaircir par des exemples celles qui pourraient présenter quelques difficultés.

Les affaires qui se font à la Bourse, et que l'on comprend sous le nom de *spéculations*, se rattachent toutes à un principe général; c'est de vendre en hausse des actions achetées en baisse. Nous avons vu qu'au moyen des négociations à terme, on pouvait spéculer à découvert, sans posséder de grands capitaux, et ne s'occuper que des différences produites par la fluctuation du cours des effets publics. Comme il éprouve chaque jour de nouvelles variations, les opérations mensuelles se multiplient à l'infini, et même il n'est pas rare que des affaires soient commencées et terminées avec bénéfice dans l'intervalle d'une seule Bourse.

Toute l'adresse, toute la science du spéculateur à la hausse, qui vient d'acheter des actions à terme, consiste à savoir saisir le moment favorable pour les revendre; car si, acheteur de 50 Strasbourg au 15 juin, à 920 fr., il les conserve, après une hausse de 10 fr., dans l'espoir que la hausse continuera; que, par une réaction subite, le cours fléchisse de 20 fr., il se trouvera avoir manqué son opération, si le cours se maintient en baisse jusqu'au terme de son marché, et cela pour ne s'être pas contenté d'une différence de 10 fr.

C'est pour cette raison que, dans les *marchés fermes*, les bénéfices sont en général limités, tandis que les pertes ne le sont pas. En effet, après s'être rendu acheteur, on se hâte presque toujours de revendre, dès qu'un léger mouvement de hausse s'est fait sentir, afin de ne pas être exposé à perdre un bénéfice assuré ; mais si le cours fléchit avant que l'on ait revendu, on attend, on espère qu'il pourra se relever, on ne veut point revendre à perte, et si la baisse se prolonge jusqu'au terme du marché, on se trouve quelquefois forcé de payer à la fin du mois de fortes différences. Alors on *se fait reporter*, si l'on veut suivre encore son opération, comme nous le verrons plus loin.

Dans les marchés *libres*, au contraire, la perte est bornée et les bénéfices ne le sont pas ; car si vous achetez à prime de 10 fr., quelque forte que soit la baisse, vous ne pouvez perdre que la prime que vous avez payée et que vous abandonnez pour que le marché soit annulé, tandis que vous pouvez profiter de toute la hausse qui survient.

Les *ventes à prime* ne sont avantageuses qu'à ceux qui sont possesseurs d'actions et qui n'opèrent point à découvert. Ainsi, le 20 juin, par exemple, vous achetez *au comptant* 50 actions de Strasbourg à 900 fr., et vous revendez sur-le-champ *à prime* fin du mois, à 920 fr., dont 10, je suppose ; les actions à prime étant plus chères que les actions fermes, comme nous l'avons vu plus haut.

Si le cours se maintient en baisse et que le marché soit annulé, vous gagnez la prime de 10 fr. qui vous est abandonnée, et les 50 actions que vous aviez achetées au cours de 900 fr., ne vous reviennent plus qu'à 890 fr. ; si, au contraire, le cours est en hausse et que la prime soit levée, comme vous avez vendu à 920 fr. des actions achetées 900 fr., vous réalisez une différence de 20 fr. en votre faveur.

Les marchés à terme multiplient beaucoup les combinaisons, et nous ne pouvons exposer ici que les principes généraux ; l'expérience seule de la Bourse peut en faire connaître toutes les ramifications. Et en effet, l'opération même la plus simple peut se compliquer à l'infini. Nous allons en donner un exemple :

Spéculant à la hausse, vous achetez, le 5 juin, 50 actions de Strasbourg pour le 15, à 910 fr., dont 10 fr., et vous payez la prime de 10 fr.

Le 9 juin, le cours des actions *ferme* s'élève à 920 ; revendant ferme à ce taux, toujours pour le 15, vous obtenez une différence en votre faveur de 10 fr., dont on doit vous tenir compte au dernier jour de la liquidation, les frais de courtage déduits.

Mais, par des circonstances imprévues, le cours subit une baisse de 40 fr., et tombe, le 12, à 870. Comme votre premier marché n'est pas encore réglé, vous achetez de nouveau 50 actions à ce taux, et annulant votre marché libre par l'abandon de la prime de 10 fr., vous vous trouvez vendeur, au cours de 920, d'actions achetées à 870, et vous gagnez par là une différence de 50 fr., moins 10 fr., puisque vous avez payé une prime de 10 fr. que vous perdez ; tandis que, par votre premier marché, vous n'aviez que celle de 10 fr. pour bénéfice.

Dans les temps de crise, lorsque le cours des effets publics peut éprouver de grandes fluctuations, l'on évite les chances défavorables en spéculant à la fois à la hausse et à la baisse. Par exemple :

1° Vous achetez, le 17 juin, 50 actions d'Orléans fin du mois à 1,050 dont 10, ce qui représente un capital de. . . . . 52,500 fr.
sur lesquels vous payez une prime de 10 fr., ou. 000

et vous restez redevable, pour la fin du mois, de. 52,500

Vous en vendez en même temps la moitié, ou 25 actions ferme, à 1,000 (1). . . . 25,000

Si le cours tombe à 900 fr., vous achetez à ce taux le même nombre d'actions. 22,500

Vous avez donc en votre faveur une différence de 100 fr., ou. 2,500

(1) Nous avons déjà vu que le prix des actions ferme est toujours au-dessous du prix des actions à prime.

Vous annulez alors votre premier marché par l'abandon de la prime de 10 fr. ou . . 500

Et votre bénéfice est de. 2,000

2° Si, après avoir acheté 50 actions d'Orléans à 1,050, dont 10, au capital de. . . 52,500 fr.

et en avoir vendu la moitié ferme à 1,000, soit. 25,000
le cours des actions *ferme* s'élève à 1,200 fr., vous revendrez l'autre moitié à ce taux. 30,000

Total. . . . . . . 55,000 fr.

Et, ratifiant votre premier marché en complétant la somme de 52,500 fr., vous gagnez une différence de 2,500 fr., dont il faut retrancher les frais de courtage dus à l'agent de change.

On voit par ce qui précède qu'une telle opération ne peut être avantageuse qu'autant que le cours éprouve de grandes variations, et qu'il faut bien connaître la situation des affaires pour s'y engager avec succès.

Nous allons parler maintenant de quelques

autres manières de spéculer sur les marchés libres, appelées communément opérations de *prime contre prime*.

PREMIER EXEMPLE.

Vous achetez 50 Nord, fin juin, à 940 fr., dont 20, et vous les revendez tout de suite 960, dont 10 (1).

Si, à la fin du mois, le cours est en hausse et que les primes soient levées de part et d'autre, vous gagnez la différence de 10 fr.

Si le cours est en baisse et qu'elles soient abandonnées, comme vous avez payé une prime de 20 fr., et que vous n'avez reçu qu'une prime de 10 fr., vous perdez la différence des 10 fr.

Si le cours ne subit point de variation sensible et s'il se maintient constamment à 945, vous gagnerez la prime de 10 fr., qui ne sera point levée ; et vendant ferme à 945 fr. les actions que vous aurez achetées à 940, vous obtiendrez encore en

(1) Nous avons vu que le prix des actions à prime de 10 fr. est toujours au-dessus du prix des actions à prime de 20 fr.

votre faveur une différence de 5 fr., total 15 fr., sauf la déduction des frais à payer à l'agent de change intermédiaire.

DEUXIÈME EXEMPLE.

Vous achetez 50 actions du Nord à 960, dont 10, et les revendez sur-le-champ à 940, dont 20.

Si le cours fléchit à la fin du mois, et que les primes soient abandonnées, vous gagnez une différence de 10 fr., puisque vous avez reçu une prime de 20 fr., tandis que celle que vous payez n'est que de 10 fr.

Si le cours est en hausse et que les primes soient levées, vous perdez la différence de 10 fr.

Si le cours ferme reste à 925, vous achetez à ce taux, vous abandonnez votre prime de 10 fr., et les 50 actions étant vendues 940 fr., vous réalisez un bénéfice de 15 fr., sauf la prime de 10 fr. et le courtage à déduire.

Il existe quelques autres modes de spéculation qui ne sont en usage que dans la coulisse (1).

---

(1) Les spéculateurs qui font des opérations entre eux, sans employer le ministère des agents de change.

Les marchés *à primes pour recevoir*, par exemple, sont l'inverse des marchés libres ordinaires, c'est-à-dire qu'au lieu d'être obligatoires seulement pour le vendeur, ils n'engagent que l'acheteur. Ainsi vous recevez une prime de 10 fr. pour prendre 50 actions du Nord au cours du jour pour la fin du mois. Si la hausse a lieu, votre vendeur peut annuler son marché en vous abandonnant la prime payée d'avance.

Ces sortes de négociations se font aussi *du jour au lendemain*. Les Nord sont à 920 fr.; croyant à leur baisse, vous payez une prime de 1 ou 2 fr. pour obliger celui auquel vous vendez de recevoir demain 50 Nord à ce cours. Si la hausse a lieu, votre perte se borne à la prime de 1 ou 2 fr., puisqu'en l'abandonnant à l'acheteur le marché devient nul.

Arbitrages. — Nous allons maintenant expliquer les *arbitrages*.

---

ont reçu le nom de *coulissiers* de la place qu'ils occupent à la Bourse, près de l'entrée du parquet. Leurs nombreuses négociations influent beaucoup sur le cours des effets publics. Il s'assemblent généralement à midi, et font des affaires avant et après la Bourse

Échanger des effets publics pour retirer un bénéfice des différences plus ou moins fortes que subit leur cours, c'est ce qu'on appelle faire une opération d'*arbitrage* sur les fonds publics.

Ainsi, vous avez 50 Nord ; ils montent subitement à 940, tandis que les Strasbourg sont restés stationnaires à 915. Persuadé que les Strasbourg doivent éprouver à leur tour un mouvement de hausse, vous vendez vos 50
Nord à 940. . . . . 47,000 fr.
Vous achetez 50 Strasbourg à 915 . 45,750

Et vous conservez la différence de 1,250

Comme vous l'aviez présumé, les Strasbourg s'élèvent à 960, tandis que les Nord ne montent plus qu'à 950 ; vous revendez aussitôt vos Strasbourg à 960 . . . . 48,000 fr.
et rachetez vos Nord à 950. 47,500

Différence. . . . 500 fr.

Cette opération vous a donc donné un bénéfice de 1,250 + 500 fr., sauf les frais de courtage à déduire, et vous vous trouvez porteur du même nombre d'actions du Nord qu'auparavant.

REPORTS.

On entend par *report du comptant au* 15 *ou à la fin du mois* la différence qui existe entre le prix des actions au comptant et celui des actions au 15 ou fin courant.

La valeur croissante que les actions acquièrent en approchant de l'époque du semestre produit ces différences.

Les reports offrent aux capitalistes les moyens de faire valoir leurs fonds d'une manière souvent fort avantageuse.

Ainsi, par exemple, le 16 juin les Nord sont à 940 au comptant ; vous en achetez 50 à ce cours, et les revendez sur-le-champ à 942 fr. 50 c. fin courant. On doit donc vous tenir compte, à la fin du mois, d'une différence de 2 fr. 50 c., ce qui représente un intérêt de 6 fr. 38 c. $^0/_0$ l'an (1).

---

(1) On peut consulter, sur l'intérêt des reports, les tableaux tout calculés qui se trouvent dans le ***Manuel de la Bourse*** de Lamst, 15e édition.

On peut donc, au moyen des *reports*, placer temporairement ses fonds sur les effets publics, sans se rendre propriétaire d'aucun de ces effets, et sans courir aucune chance, puisque, étant par la même opération acheteur et vendeur pour une époque plus éloignée, on reste indifférent à la hausse comme à la baisse : le bénéfice se borne à la différence de l'achat à la vente qui constitue leur intérêt. On peut considérer ces reports comme des prêts sur gage d'effets publics, et les comparer à des placements hypothécaires. Un particulier veut emprunter sur ses actions, qu'il ne veut pas vendre, un autre veut placer pour un mois ou deux son argent, en prenant des actions comme garantie ; l'agent de change se fait l'intermédiaire de ces transactions, et assure qu'au terme du marché, le prêteur rentrera dans ses fonds en faisant la remise de l'inscription, et que l'emprunteur restituera la somme placée en échange des actions. L'agent de change, qui connaît son client, se rend aussi garant, vis-à-vis du *reporteur*, de la dépréciation que pourraient éprouver, en cas de baisse, les actions qui servent de gage entre ses mains.

Cette opération se fait tous les jours sur des sommes considérables : et, bien qu'elle emprunte le secours d'une opération *à terme*, elle n'en est pas moins très-licite et considérée comme telle par tous les tribunaux.

On entend par *report sur prime* l'achat au 15 ou fin courant d'un certain nombre d'actions *ferme* que l'on revend tout de suite *à prime* au 15 ou fin courant.

Vous achetez, le 16 juin, 50 Nord à 930 fr. fin du mois, au capital de 46,500 fr., et vendez à prime 940, dont 10, au capital de 47,500 fr. Si la prime est levée, vous gagnez la différence de 1,000 fr.; si elle vous est abandonnée, vous vous trouvez avoir acheté vos 50 actions au cours de 920 fr.

Les reports servent aussi, nous l'avons dit, à prolonger une opération, soit à la hausse, soit à la baisse, et voici de quelle manière :

Vous avez acheté des actions de Strasbourg, pour la fin du mois, à 930 fr., et elles se sont maintenues en baisse à 900 ; si vous croyez toujours à la hausse prochaine des cours, vous vendez à 900, et après avoir payé la différence, vous rachetez sur-le-champ, pour la liquidation suivante, à 902 fr. 50 c., si le taux du report d'une quinzaine à l'autre est de 2 fr. 50 c. C'est ce qu'on appelle *se faire reporter*.

La même opération se fait en sens inverse dans les spéculations à la baisse. On achète au 15 ou fin courant, et on revend pour la liquidation suivante. C'est ce qu'on appelle *déporter*.

Un moyen de bonifier une fausse opération consiste aussi à se faire ce qu'on appelle à la Bourse *une commune*. Ainsi, vous avez acheté 50 actions du Nord à 950 fr.; le cours baisse à 910; vous rachetez encore 50 actions à ce taux, et vous avez acquis 100 actions au terme moyen de 930 fr. Si donc le cours s'élève au-dessus de 930 fr., vous entrez en *bénéfice*.

CHAPITRE III.

Des Actions industrielles et des Effets publics qui se négocient à la Bourse de Paris.

Au premier rang des Sociétés ou des Compagnies qui se sont formées dans le but d'imprimer au crédit public un plus grand développement, et dont les actions sont l'objet de transactions journalières et nombreuses, nous devons placer la Banque de France, la Société générale du Crédit mobilier et le Comptoir national d'escompte, qui prêtent sur dépôt d'actions ou d'obligations de chemins de fer, et la Banque de Darmstadt instituée dans les mêmes vues.

Nous parlerons ensuite des Obligations de la

ville de Paris et des Obligations du Crédit foncier, qui offrent à la fois un revenu fixe et la chance de gagner quelque gros lot dans des tirages annuels, et nous terminerons par des notions rapides sur les fonds publics français, en renvoyant au *Manuel de la Bourse*, de Lamst, pour les sociétes industrielles, qui ne sont d'aucun intérêt pour les actionnaires des chemins de fer.

BANQUE DE FRANCE.

La Banque de France a été constituée en 1803 telle qu'elle est aujourd'hui; son capital était de 45 millions, répartis en 45,000 actions de 1,000 francs.

La durée du privilége qui lui avait été accordé pour l'émission des billets au porteur et à vue était de quinze années; il fut prorogé en 1806 jusqu'au 22 septembre 1843, et en 1840 jusqu'au 31 décembre 1867.

En 1808, la Banque de France fut autorisée à émettre 45,000 actions nouvelles de 1,200 francs chaque.

On préleva sur les réserves alors existantes

200 fr. pour chacune des 45,000 premières actions, et on les fit toutes de 1,200 fr., capital nominal.

La Banque en a racheté depuis un certain nombre et son capital est aujourd'hui de 91,250,000 fr.

Ses opérations consistent :

1° A escompter à 3 pour °/₀ des lettres de change et billets à ordre, payables à des échéances fixes, qui ne peuvent excéder trois mois, timbrés et revêtus de trois signatures au moins de personnes notoirement solvables, ou de deux signatures avec un transfert d'effets publics ou d'actions de la Banque.

Les actions transférées garantissent à la Banque le recouvrement des effets escomptés au titulaire.

2° A faire des avances sur les effets publics qui lui sont remis, et à sa charger des recouvrements.

Par arrêté du 23 février 1833, la Banque avance sur dépôt d'actions des quatre canaux et d'obligations de la ville de Paris.

Par arrêté du 14 septembre 1833, elle prend à l'escompte les actions des canaux et les obligations de la ville sorties au tirage, et qui doivent être remboursées en même temps que le coupon du semestre suivant.

Par arrêté du Conseil général du 24 décembre 1834, les personnes qui font à la Banque des emprunts sur effets publics, conformément à l'ordonnance royale du 17 juin 1834, ont la faculté de faire *lever* ou *livrer en liquidation* par son intermédiaire les effets sur lesquels elle a consenti à leur faire des avances.

En conséquence, la veille de la liquidation mensuelle qui s'opère entre les agents de change, la Banque fait remettre aux commissaires liquidateurs un bordereau indicatif des sommes et de la nature des effets publics dont la *levée* ou la *livraison* devra être faite par son intermédiaire.

Lorsque la Banque doit *lever* des effets publics, elle fait retirer des mains desdits commissaires liquidateurs, au jour et à l'heure fixés pour la liquidation, les effets *au porteur* ou ceux *nominatifs* transférés en son nom qu'il s'agit de lever, et elle leur fait remettre en échange une déclaration constatant que le compte courant du syndicat des agents est crédité par elle de la valeur desdits effets au cours de compensation.

Lorsque la Banque doit *livrer* des effets publics, elle fait déposer entre les mains desdits commissaires, au jour et à l'heure indiqués plus haut, les effets au porteur ou nominatifs qu'il s'agit de livrer; ces commissaires doivent lui remettre en échange un *mandat de virement* souscrit par eux à son profit sur le compte courant du syndicat des agents de change (compte de liquidation), et représentant la valeur desdits effets au cours de compensation.

La Banque de France a été autorisée à prêter, par décret du 3 mars 1852, sur actions et obligations de chemins de fer. Les avances qu'elle a faites sur ces valeurs à l'intérêt de 3 pour % ont puissamment contribué à l'activité des affaires.

3° A tenir une caisse de dépôts volontaires.

tels que titres, contrats, engagements de toute espèce, etc., moyennant un droit de garde, qui est de $\frac{1}{8}$ pour $^0/_0$ par chaque période de six mois.

4° A recevoir en compte courant les sommes qui lui sont versées, et à payer les dispositions faites sur elle jusqu'à concurrence de ses encaissements, etc., etc.

Le dividende annuel, affecté aux actions de la Banque, se paie tous les six mois, le 1er janvier et le 1er juillet ; il ne peut être moindre de 30 fr. par semestre. Pour le former, on prélève 6 pour $^0/_0$ du capital primitif de 1,000 fr. par action sur les bénéfices, et les deux tiers de la somme excédant. Le reste constitue un fonds de réserve dont la répartition ne peut être autorisée que par une loi. Ce fonds était au 10 février 1853 de 12,980,750 fr. 14 c. La réserve immobilière s'élevait à 4 millions.

Le nombre des succursales de la Banque a été porté à trente-quatre. Ce sont : Angoulême, Besançon, Caen, Châteauroux, Clermont-Ferrand, Grenoble, Limoges, Marseille, Metz, Montpellier, Mulhouse, Nîmes, Reims, Saint-Etienne,

Saint-Quentin, Strasbourg, Valenciennes, Bordeaux, le Havre, Lille, Lyon, Le Mans, Nantes, Orléans, Rouen, Toulouse, Avignon, Rennes, Troyes, Amiens et La Rochelle.

Le mouvement général des caisses a été de 2,541 millions pendant l'année 1852 ; il restait à la Banque et dans les succursales, au 10 février 1853, 478 millions en argent monnayé et lingots, et elle avait 670 millions de billets en circulation.

On peut céder l'usufruit des actions de la Banque, et nonobstant cette cession, disposer de la nue-propriété.

Elles peuvent être immobilisées par la simple déclaration du propriétaire, et dès lors jouissent des mêmes prérogatives que les immeubles de toute nature.

Par décret du 1er mars 1808, elles pouvaient être admises à la dotation d'un majorat.

Dans ce cas, la portion du revenu en actions de la Banque était soumise à une retenue annuelle d'un dixième, qui était successivement remplacé en actions.

Leur transfert s'opère sur des registres doubles tenus à cet effet.

Le décret du 25 septembre 1813 déclare que la loi du 24 mars 1806, relative à l'aliénation des rentes de 1,000 francs en capital et au-dessous, appartenant aux mineurs et aux interdits, est applicable aux actions de la Banque ; il porte en conséquence que ces incapables pourront vendre, par leurs tuteurs et curateurs, *toutes les fois qu'ils n'auront qu'une action ou un droit dans plusieurs actions n'excédant pas en totalité une action entière.* Cette disposition est applicable aux curateurs de successions vacantes et aux héritiers bénéficiaires par assimilation à la rente.

Le *Manuel de la Bourse*, page 72 (15e édition), donne le relevé du cours des actions de la Banque depuis l'origine jusqu'en 1853. C'est un tableau fort curieux. On y voit que les actions ont presque triplé de valeur depuis 1848. Elles sont à 2,700 fr.

SOCIÉTÉ GÉNÉRALE DU CRÉDIT MOBILIER.

Place Vendôme, n° 22.

La Société anonyme formée à Paris sous la dénomination de Société générale du Crédit mobilier a été autorisée par décret du 18 novembre 1852, et sa durée est de 99 ans.

Le fonds social est fixé à 60 millions de francs divisés en 12,000 actions de 500 fr. chacune.

Une première série de 40,000 actions est seule émise jusqu'à présent.

Les opérations de la société consistent :

1° A souscrire ou acquérir des effets publics, des actions ou des obligations dans les différentes entreprises industrielles ou de crédit ;

2° A émettre, pour une somme égale à celle employée à ces souscriptions et acquisitions, ses propres obligations ;

3° A vendre ou à donner en nantissement d'emprunts tous effets, actions ou obligations acquis, et à les échanger contre d'autres valeurs ;

4° A soumissionner tous emprunts, à les céder

et réaliser, ainsi que toutes entreprises de travaux publics;

5° A prêter sur effets publics, sur dépôt d'actions et obligations, et à ouvrir des crédits en compte courant sur dépôt de ces diverses valeurs;

6° A recevoir des sommes en compte courant;

7° A opérer tous recouvrements pour le compte des compagnies susénoncées, à payer leurs coupons d'intérêt ou de dividende, et généralement toutes autres dispositions;

8° A tenir une caisse de dépôts pour tous les effets publics.

Sont admis à dater du 15 mai, tous les jours de dix heures à deux heures, au siége de la société, les dépôts de fonds publics français et étrangers, d'actions, d'obligations de chemins de fer, et tous autres titres d'entreprises industrielles, tant nominatifs qu'au porteur.

La Société générale délivre, en échange des dépôts, des récépissés nominatifs sur lesquels sont relatés les numéros des titres déposés. Elle se charge de recouvrer et de payer *à Paris* les arrérages de rentes, coupons et dividendes dus sur les titres qu'elle a reçus en dépôt.

Le prix du dépôt est fixé comme suit, savoir :

Pour 25 fr. de rente, 10 centimes.

Pour les actions d'une valeur nominale de 500 fr. et au-dessous, 10 centimes par action.

Pour les obligations de 1,250 fr. et au-dessous, 10 centimes par obligation.

Le minimum de la rétribution due par dépôt de titres de même nature est de 50 centimes.

Il est consenti, d'après un tarif proportionnel, des abonnements avec les personnes qui déposent plus de deux cents actions ou obligations en une seule fois, ou qui ont annuellement un grand mouvement de titres.

Les produits nets, déduction faite de toutes les charges, constituent les bénéfices.

Sur ces bénéfices on prélève annuellement :

1° Cinq pour % du capital des actions émises ;

2° Cinq pour % des bénéfices pour le fonds de réserve.

Ce qui reste est réparti, dans la proportion d'un dixième pour les administrateurs et de neuf dixièmes pour les actions, à titre de dividende.

Le paiement des dividendes se fait annuellement, aux époques fixées par le conseil d'administration.

Déjà la Société du crédit mobilier a pu souscrire pour un certain nombre d'actions de la banque de Darmstadt et du chemin de fer français, le Grand Central ; ces actions ont été réparties entre les actionnaires, qui les ont reçues au pair, et pourront les revendre avec bénéfice.

COMPTOIR NATIONAL D'ESCOMPTE.

Rue Bergère, n° 14.

Fondé pour trois années, le 7 mars 1848, le Comptoir national d'escompte a été prorogé de six années, à partir du 18 mars 1851.

Le fonds social, qui était de 20 millions de fr., a été porté, le 18 février 1853, à 33,333,500 fr., composés :

Pour 20 millions par les actionnaires souscripteurs,

Pour 6,667,000 fr. par la ville de Paris, en obligations,

Et pour 6,667,500 fr. par l'État, en bons du Trésor.

Les 20 millions à fournir par les actionnaires sont représentés par 40,000 actions de 500 fr. chacune.

13,333 étant réalisées, les 26,667 autres ont été émises au cours de 550 fr.

Ces nouvelles actions ont droit au dividende du 2e semestre de l'exercice 1853.

BANQUE DE DARMSTADT,

Banque du commerce et de l'industrie.

Place Vendôme, n° 22.

Cette Banque a été constituée sur le modèle de la Société du Crédit mobilier; son capital social est de 25 millions de florins, divisés en 100,000 actions de 250 florins chacune, soit au change de 2 fr. 15 c., 537 fr. 50 c. Une première série de 40,000 actions seulement est émise quant à présent. Ces actions sont au porteur, libérées de 100 florins, soit 215 fr.; les 150 florins restant seront appelés au fur et à mesure des besoins de la société, aux époques indiquées par le conseil d'administration.

Les porteurs d'actions de la première émission auront droit à souscrire au pair des actions de la deuxième dans la proportion d'une nouvelle pour deux anciennes. Les bénéfices nets se composent de 4 pour % du capital versé à titre d'intérêt, et de la répartition entre les actionnaires de 80 pour % de l'excédant des recettes sur les dépenses, comme dividende.

Obligations de la ville de Paris de 1849.

Cet emprunt, autorisé par la loi du 1er août 1847 et par un décret de l'assemblée nationale, du 24 août 1848, a été adjugé, le 26 avril 1849, à M. Béchet, de Thomas et Ce. au taux de 1105 fr. 40 c. par obligation.

Le capital emprunté est de 25 millions de francs; les obligations sont de 1,000 fr., elles portent intérêt à 5 pour %, payable le 1er avril et le 1er octobre de chaque année.

Le remboursement a lieu par tirages au sort, le 1er mars et le 1er septembre, et des primes sont affectées aux 34 premiers numéros sortants.

SAVOIR :

Pour le 1er numéro.	30,000 fr.
2e —	15,000
3e —	10,000
4e —	7,000
5e, 6e, 7e, chacun. . .	3,000
8e, 9e, 10e, 11e, — . .	2,000
12e au 17e — . .	1,000
18e au 33e — . .	500

Le 34e, une somme variable formant l'appoint de 416 fr. au moins et de 1,791 au plus.

Aux premiers tirages, jusques et y compris celui du 1er mars 1853, il n'a été tiré au sort que les 34 obligations portant primes.

Obligations de la ville de Paris de 1852.

Cet emprunt, qui est de 50 millions, a été autorisé par la loi du 4 août 1851, et adjugé, le 3 avril 1852, à MM. Béchet, de Thomas et Ce, au cours de 1,227 fr. 82 c. par obligation.

Les obligations sont de 1,000 fr. et portent

intérêt à 5 pour %, payable les 1er janvier et 1er juillet de chaque année.

L'amortissement aura lieu en 37 tirages semestriels, les 1er mai et 1er novembre de chaque année.

Les 13 premiers tirages ne donneront lieu qu'au remboursement des soixante obligations portant primes. Les paiements s'effectueront les 1er juillet et 1er janvier. Les primes sont pour

Le 1er numéro sortant, de. . .		50,000 fr.
2e.		20,000
3e.		15,000
4e.		10,000
5e et 6e, chacun	5,000. .	10,000
7e à 12e —	3,000 .	18,000
13e à 20e —	2,000. .	16,000
21e à 34e —	1,000. .	14,000
35e à 59e —	500. .	12,500
60e et dernier, en moyenne.		2,500
		168,000 fr.

A partir du 1er juillet 1859, le nombre des obligations à rembourser sera de 1,522 et s'accroîtra chaque semestre, jusqu'au dernier tirage qui aura lieu le 1er janvier 1871.

Obligations du département de la Seine.

Cet emprunt, autorisé par un décret de l'assemblée nationale du 16 novembre 1848, a été adjugé, le 16 septembre 1859, à MM. Rougemont de Lowemberg et Seillière, au taux de 1,040 francs.

Le capital emprunté est de 6 millions de francs, divisés en 6,000 obligations de 1,000 fr. Elles portent intérêt à 5 pour %, payable les 1er janvier et 1er juillet de chaque année.

Les tirages de remboursement ont lieu le 1er décembre et le 1er juin, et les paiements s'effectuent le 1er janvier et le 1er juillet, jusqu'au 1er juin 1855.

Les dix premiers numéros sortant gagnent les primes ci-après :

Le 1er	numéro.	7,000 fr.
2e	—	3,000
3e	—	2,500
4e	—	1,500

5e — 1,000
6e, 7e, 8e, 9e, chacun. . . 500
10e, la somme rompue excédant les 17,000 fr. ci-dessus, et variant de 497 fr. à 1,222 fr.

M. Rougemont assure contre la chance du remboursement au pair, moyennant une légère prime.

CRÉDIT FONCIER DE FRANCE.

Rue des Trois-Frères, n° 5.

Actions et Obligations.

La société anonyme de crédit foncier, autorisée par décrets des 28 mars, 30 juillet et 18 décembre 1852, a été constituée au capital de 60 millions, divisés en 120,000 actions nominatives, de 500 fr. chacune.

250 fr. ont été versés par action ; l'époque des versements ultérieurs n'est pas déterminée.

25 millions ont été émis.

5 millions pourront l'être encore par décision du conseil d'administration dans le courant d'une année, et le surplus quand la société aura atteint

le chiffre de 600 millions d'affaires, de manière à ce que le chiffre des actions émises se maintienne dans la proportion de 5 millions par chaque 100 millions d'obligations.

Il est accordé par le gouvernement à la société du crédit foncier de France, en vertu du décret du 27 mars 1852, une subvention de 10 millions de francs, qui sera versée proportionnellement à l'importance des prêts effectués, conformément à l'article suivant :

Le *crédit foncier de France* s'engage à prêter sur hypothèque jusqu'à concurrence de *deux cent millions* de francs, à raison d'une annuité de *cinq pour cent* qui comprendra l'intérêt, l'amortissement et les frais d'administration, et qui éteindra la dette en cinquante années.

La somme de 200 millions de francs que la société s'engage à prêter, sera distribuée entre les divers départements proportionnellement à la dette hypothécaire actuellement inscrite. L'état de cette distribution sera soumis au ministre de l'intérieur.

Des garanties sont prises également pour

qu'après l'épuisement des 200 millions le taux des prêts reste dans les conditions les plus modérées.

Voici, dans le système adopté par la compagnie, comment se décompose l'annuité de 5 pour °/₀ :

L'intérêt du prêt y figure pour	3 fr. 67 c.
Les frais d'administration alloués à la société par le décret du 28 mars 1852, pour	0 60
L'amortissement pour	0 73
Total égal	5 fr. 00 c.

La société a fait un emprunt de 200 millions à employer en prêts hypothécaires, conformément au décret impérial du 10 décembre 1852 et garanti 1° par les inscriptions hypothécaires; 2° par le capital de la société.

Cet emprunt a eu lieu par obligations de 1,000 fr. portant 3 pour °/₀ d'intérêt, remboursables à 1.200 fr., et participant chaque année à quatre tirages de lots.

L'émission de la première série de cet emprunt comprend 100,000 certificats de dépôt ou promesses d'obligations au porteur de 200 fr. donnant droit :

1° Aux quatre tirages par année de lots indiqués ci-dessous ;

2° A la souscription au pair d'une obligation foncière au porteur de 1,000 fr. produisant un intérêt annuel de 30 fr. payable à raison de 15 fr. par semestre, les 1er avril et 1er octobre, et remboursable avec une prime de 200 fr., soit en tout 1,200 fr., au plus tard en cinquante années, à partir du 1er avril 1854.

3° A un intérêt de 3 pour % sur les versements effectués à partir du 1er mai 1853.

Les porteurs des titres de cette première émission ont eu, en outre, jusqu'au 15 mars 1853, le droit de souscrire, au prix de 300 fr., un nombre égal de certificats de dépôt ou promesses d'obligations foncières de 200 fr. de la seconde émission.

Les obligations donnent droit, comme les certificats de dépôt qu'elles remplaceront, à quatre tirages par année de lots s'élevant ensemble, suivant détail ci-après :

Pour chacune des deux premières années, à. . . . . 1,200,000 fr.

Pour chacune des années suivantes, à. 800,000

Les quatre tirages auront lieu les 22 mars, 22 juin, 22 septembre, 22 décembre, dans l'ordre suivant :

Lots trimestriels de chacune des deux premières années.

Tirage des 1er, 2e et 3e trimestres : 22 mars, 22 juin, 22 septembre.

Le premier numéro sortant gagnera			100,000 f.
Le 2e	—	—	50,000
Le 3e	—	—	50,000
Le 4e	—	—	20,000
Les cinq numéros suivants gagneront chacun 10,000 fr., ci. . . .			50,000
Total pour chacun des trois premiers trimestres. . . .			270,000 f.

Tirage du 4e trimestre, 22 décembre.

Le premier numéro sortant gagnera		100,000 f.
Le 2e	— —	50,000
Le 3e	— —	50,000
Le 4e	— —	40,000
Le 5e	— —	30,000
Le 6e	— —	20,000
Les 7e, 8e, 9e, 10e, 11e et 12e nos gagneront chacun 10,000 fr., ci.	.	60,000
Les 8 nos suivants chacun 5,000 f., ci.		40,000
Total pour le 4e trimestre. .	.	390,000

Total des lots par année, 1,200,000 fr.

Lots trimestriels de la 3e année et des années suivantes.

Tirage des 1er, 2e et 3e trimestres, 22 mars, 22 juin, 22 septembre.

Le premier numéro sortant gagnera		100,000 f.
Le 2e	— —	50,000
Et le 3e	—	20,000
Total pour chacun des trois premiers trimestres	.	170,000 f.

Tirage du 4e trimestre, 22 décembre.

Le premier numéro sortant gagnera			100,000 f.
Le 2e	—	—	50,000
Le 3e	—	—	40,000
Le 4e	—	—	30,000
Le 5e	—	—	20,000
Le 6e	—	—	10,000
Et les 8 nos suivants chacun 5,000 francs, ci			40,000
Total pour le 4e trimestre. .			290,000

Total des lots par année, 800,000 fr.

Prendront part indistinctement au tirage toutes les promesses d'obligations, émises ou non émises. A cet effet, les obligations porteront les mêmes numéros que les promesses d'obligations qu'elles remplaceront de 1 à 200,000.

La conversion des certificats de dépôts en obligations foncières doit s'effectuer par séries de 10,000 obligations, après que 10 millions de francs au moins auront été placés sur hypothèque.

Il a été créé à cet effet 29 séries de 10,000 promesses d'obligations foncières : le sort désignera successivement celles de ces séries qui devront être appelées à être converties en obligations foncières.

Une insertion faite dans deux des journaux désignés pour la publication légale des actes de société, fera connaître la série appelée par le sort pour être convertie.

Chaque promesse d'obligation, soit de la première, soit de la seconde émission désignée pour la conversion sera prise pour 200 fr. en paiement de l'obligation foncière à laquelle elle a droit. Le porteur du certificat de dépôt aura à verser les 800 fr. complémentaires en deux paiements, le premier, de 300 fr., dans les quinze jours qui suivront la désignation de la série appelée à la conversion; les 500 fr. restants dans les deux mois de la conversion.

FONDS PUBLICS FRANÇAIS.

Les fonds publics français, qui se composent de 4 ½ pour °/₀, de 4 pour °/₀ et de 3 pour °/₀, donnent lieu aux mêmes opérations au comptant, à terme et à primes que les chemins de fer; seulement les liquidations n'ont lieu que le 1er de chaque mois.

La 15ᵉ édition du *Manuel de la Bourse* comprend (p. 58 et 64) les cours de ces divers effets depuis l'origine, et c'est une histoire très-curieuse du crédit de notre pays, exprimée en chiffres. On y trouve également des renseignements très-étendus sur les fonds publics étrangers, qui intéressent peu les actionnaires des chemins de fer. Aussi nous contenterons-nous de dire que les rentes inscrites en 4 ½ pour % s'élèvent, pour le 1ᵉʳ janvier 1854, à 156,941,056 fr., et que les intérêts se paient par semestre ou par coupon de 2 fr. 25 c., le 22 mars et le 22 septembre de chaque année, sur la présentation des inscriptions et contre quittances imprimées, qui se distribuent à cet effet au Trésor, rue de Rivoli.

Les négociations *avec jouissance du semestre échu* sont fermées dès le 6 mars et le 6 septembre. Ainsi, le 6 mars 1853, les 4 ½ pour %, *jouissance du 22 septembre* 1852, ont été arrêtés à 104 fr. 75 c.; et le lendemain, 7, ils se sont négociés, coupon détaché, *c'est-à-dire avec jouissance du 22 mars, à* 102 fr. 25 c.

La somme des rentes 4 pour % s'élève à

2,371,911 francs, et celle du 3 pour %, à 50,424,941 fr.

Les négociations sont fermées le 6 juin et le 6 décembre de chaque année, et les paiements de coupons s'effectuent avec les mêmes formalités que pour les 4 ½ pour %, les 22 juin et 22 décembre de chaque année, au Trésor, rue de Rivoli.

Les 3 pour %, ouverts à la Bourse le 7 mai 1825 au taux de 75, étaient tombés, au mois de décembre de la même année, à 60, 61, 65 fr.; ils ont descendu, en 1848, jusqu'à 32 fr., et sont actuellement à 80.

On peut se procurer, à son gré, soit des inscriptions nominatives, soit des certificats au porteur en 4 ½, 4 et 3 pour %.

Les droits de courtage sont de 12 cent. ½ sur les marchés au comptant, et de 5 cent. sur les marchés à terme ; on doit payer aussi pour chaque bordereau un timbre de 35 centimes.

LISTE DES AGENTS DE CHANGE

PRÈS LA BOURSE DE PARIS.

Allibert, *Victoire*, 42.
Archdeacon, *Provence*, 72.
Bagier, *Provence*, 45.
Bassery, *Louis-le-Grand*, 17.
Basire, *Grammont*, 13.
Béjot, *Richelieu*, 79.
Bertin, *Lepelletier*, 31.
Billaud, *Michodière*, 8.
Blerzy, *place de la Bourse*, 6.
Chartier, *Vivienne*, 22.
Chauffert, *St-Georges*, 23.
Coin, *Taitbout*, 28,
Coittant-Borderieux, *St-Lazare*, 24.
Courpon, *Neuve-des-Petits-Champs*, 50.
Cuillierie-Dupont, *Drouot*, 8.
Dabrin, *Neuve-Saint-Augustin*, 31.
David, *Neuve-Saint-Augustin*, 10.
Delaville-Leroulx, *Lafitte*, 8.
Deval, *Menars*, 12.
Doazan, *Lepelletier*, 23.
Dubois, *Ménars*, 8.
Dubos, *cité d'Antin*, 11.
Dupré, de *la Banque*, 17.
Duval Destains, *Rossini*, 1.
Empaire, *Saint-Georges*, 2 *bis*.
Fauche, *Lepelletier*, 31.
Geffroy, *St-Lazare*, 108.
Gibert, *Saint-Georges*, 5.
Goubie aîné, *Richelieu*, 79.
Grandjean, *cité Bergère*, 10.
Guyet, *Port-Mahon*, 6.
Honoré, *Menars*, 6.
Hubert, *N.-D.-des-Victoires*, 14.

Lagarde, *place de la Bourse*, 9.
Lambert, *id.* n° 11.
Laurent, *N.-D.-des-Victoires*, 38.
Lepel Cointet, *Hanovre*, 6.
Leray, *place de la Bourse*, 8.
Mabire, *Grammont*, 11.
Manuel, *Clichy*, 48.
Moreau, *Montmartre*, 137.
Munster, *Provence*, 31.
Norzy, *Richelieu*, 108.
Pollet, *Grammont*, 23.
Pomme, *Richelieu*, 79.
Reynart, *N.-D.-des-Victoires*, 32.
Rigaud, *Neuve-Saint-Augusin*, 20.
Roblot, *de Hanovre*, 17.
Roche, *pl. de la Bourse*, 8.
Rodrigues Henriques (Henri), *cité d'Antin*, 5.
Rodrigues Henriques (Hippolyte), *de la Victoire*, 12.
Rougemont, *Menars*, 6.
Santerre (Ernest), *Provence*, 19.
Santerre, (Ed.) *Saint-Georges*, 6.
Sarchi, *Rougemont*, 14.
Tattet, *Lepelletier*, 29.
Vacheron, *Lepelletier*, 9.
Vatel, *Grange-Batelière*, 18.
Veyrac, *Menars*, 9.
Vieyra-Molina, *Grange-Batelière*, 11.

CHAMBRE SYNDICALE.

Billaud, syndic.

ADJOINTS AU SYNDIC.

Moreau, Rodrigues, Delaville-Leroulx, Laurent, Hubert, David.

Sollier, agent comptable, rue de Menars, 6.

Commissaire de police près la Bourse : M. Hubaut.

TABLE GÉNÉRALE

DES

MATIÈRES.

St-Denis. — Typ. de Prevot et Drouard

www.ingramcontent.com/pod-product-compliance
Ingram Content Group UK Ltd.
Pitfield, Milton Keynes, MK11 3LW, UK
UKHW021105260726
13994UKWH00002B/715

9 782329 435671